Apóstol Samuel Cameroun

¡Hay un solo Dios!

Apóstol Samuel Cameroun

¡Hay un solo Dios!

Efesios 4 : 4 - 6

CREDO EDICIONES

Imprint
Any brand names and product names mentioned in this book are subject to trademark, brand or patent protection and are trademarks or registered trademarks of their respective holders. The use of brand names, product names, common names, trade names, product descriptions etc. even without a particular marking in this work is in no way to be construed to mean that such names may be regarded as unrestricted in respect of trademark and brand protection legislation and could thus be used by anyone.

Cover image: www.ingimage.com

Publisher:
CREDO EDICIONES
is a trademark of
International Book Market Service Ltd., member of OmniScriptum Publishing Group
17 Meldrum Street, Beau Bassin 71504, Mauritius
Printed at: see last page
ISBN: 978-613-4-41755-6

Decimocuarto estudio bíblico/ 27

¡HAY UN SOLO DIOS!

Efesios 4: 4-6

¡Para ti!

Este estudio bíblico, "¡ Hay un solo Dios ! " Parte de un subconjunto de la colección de una serie de siete mensajes doctrinales fundamentales inseparables; tomado de Efesios 4: 4-6, y que se une a Proverbios 9: 1, que declara que " La Sabiduría edificó su casa; Labró sus siete pilares ". Las siete columnas, que constituyen las escrituras doctrinales de los siete pilares para la Iglesia de ¡Cristianos, nadie puede pertenecer así a Cristo sin aceptar estos siete pilares como soporte de la verdad de Dios !

Nos gustaría recordarle que toda esta colección se titula " ¡Que el que lee preste atención ! "

Otra " ¡Buenas noticias! ". La colección consta de otros 20 estudios bíblicos, que la complementan. ¡Todos estos estudios bíblicos han sido diseñados para su crecimiento y edificación espiritual ! !!

La paz de Dios en el interior, el gozo de Cristo en el exterior...

PRÓLOGO SOBRE...

Colección de la serie cristiana:
'' ¡ AQUEL QUE HAY QUE HACER ADVERTENCIA ! ''
(Mateo 24:15)

En el transcurso de nuestro caminar espiritual, nos acercaremos a los fundamentos de la sana doctrina cristiana, que es su pilar y soporte de la verdad. Según el apóstol Pablo, animando a su fiel compañero en *1 Timoteo 3: 14-15,* le escribió: '' *Te escribo estas cosas, con la esperanza de llegar pronto a ti, pero para que lo sepas, si me demoro., cómo debemos comportarnos en la casa de Dios, que es la Iglesia del Dios vivo, columna y sostén de la verdad.* '' Siguiendo al apóstol Pablo, los estudios de esta serie, a lo largo, unirán los temas bíblicos. doctrina a los de la profecía, porque Jesucristo exhorta fraternalmente a la Iglesia que es `` Miembro de su Cuerpo está siempre presente junto a su familia. Para ello, las enseñanzas de la presente colección se basarán principalmente en los libros conjuntos de *Apocalipsis* (*Apocalipsis*), yuxtapuesto con el de *Daniel,* para confirmar esta buena noticia del mensaje del evangelio. Ya que, al final de los siglos, la doctrina evangélica, los diez mandamientos de Moisés y la profecía fueron preciosamente recomendados a los cristianos auténticos, para servir como su com pasa en las tinieblas de las tinieblas del mal. Esto se debe al espíritu de desconcierto que llevó a la apostasía doctrinaria, ahora muy popular, entre todas aquellas comunidades de cristianos que afirman que la Biblia llama " *¡ Babilonia la grande, la madre de lo prohibido !* " » *Apocalipsis 17: 5.*

¡Por tanto, debemos buscar a Dios con todas nuestras fuerzas, nosotros que somos la generación al final de la historia de este mundo destinada a su inminente y eterna ruina! Es solo Jesús, quien ha determinado las condiciones de su salvación para cualquiera que sinceramente quiera escapar saliendo de este mundo impío. Porque él declara solemnemente: " *nadie puede venir a él si el Padre no lo atrae...* " Sin embargo, una vez que viene al Señor, sepamos también que

Jesús agrega: " *nadie puede venir a Dios sin pasar por él (Jesús) "*. Finalmente, ¿cuál es el objetivo de nuestro caminar cristiano? ¿ Y qué es la Iglesia de Cristo? ¿Puede ser una organización denominacional? - ¿Las Asambleas Cristianas tienen que depender de alguna agencia gubernamental para probar que son la Iglesia de Cristo?

Mientras los verdaderos cristianos se preparan para afrontar la peor persecución de la historia santa, por el " **666** " que pronto condicionará a todo hombre, - ¿Deberían nuestras finanzas como los diezmos comprometerse para ganarnos el cielo? - ¿Está Cristo todavía presente en estas denominaciones llamadas Iglesias? - ¿Quién debería ser la cabeza de la Iglesia de Cristo? - ¿Cómo se están construyendo actualmente las comunidades cristianas bajo el único Pastor, Jesucristo? - ¿La Iglesia de Cristo tiene visibles los líderes? - ¿Puede esta Iglesia de Cristo mantener la corrupción? ¿Puede comprometer tan poco nuestra salvación por algunas doctrinas no bíblicas? ¿Qué iglesia de hecho hoy está perfectamente de acuerdo con la santa voluntad de Cristo revelada en la Biblia?

Para todas estas preguntas y tantas otras que sin duda olvidamos, la colección `` *Que los que lean, presten atención* ", ofrece exclusivamente respuestas bíblicas sencillas y bastante completas según cada tema abordado. Las respuestas a estas preguntas anteriores en enunciado, digámoslo, solo se darán a los corazones humildes, por eso esta serie cristiana *"Tenga cuidado el que lee"*, es una serie de mensajes vivos. Fueron diseñados con las necesidades espirituales de nuestra generación en mente, especialmente las profecías que la Biblia, a través de la revelación y la enseñanza doctrinal de Cristo, los apóstoles y profetas de la antigüedad, nos invita a escudriñar día y noche sin descanso. en una vida de oración, su cumplimiento, a fin de darnos la fuerza para comparecer ante el Hijo de Dios en el último día. Aquí está la promesa de Cristo a su Iglesia: " *Al que venciere y guarde mis obras hasta el fin, le daré autoridad sobre las naciones.* » Apocalipsis 2:26

NB: A menos que se indique lo contrario, las referencias bíblicas citadas en los estudios están tomadas de la versión de las Sagradas Escrituras (Louis Second). Y para cada tema, puede consultar el resumen en las páginas **2 9** y **31.** Por la indicación ordinal (pregunta-respuesta), cualquier reacción en particular, podría provocar un apoyo bíblico y/ o comunitario personalizado, por pequeño que sea, ya sea que se manifieste en nuestro sitio web, por llamada telefónica de WhatsApp o en nuestra dirección de correo electrónico marcada en la parte inferior de cada página.

De este modo, la Iglesia les presenta una serie de " *27 estudios bíblicos* ", complementando la mayor cantidad de mensajes de video y audio en una versión electrónica descargable desde el sitio web *www Christians-*

Église.org. ¡Todo esto por igual número de folletos, que se ofrecerán gradualmente, como el Señor Yahvé Dios provee con misericordia y gracia en Jesucristo!

Toda esta colección se ofrece de forma gratuita, con el fin de respetar el espíritu de Cristo que nos recomendó donarla, ya que la recibimos gratis:

¡ENTONCES NO DEBE A NADIE VENDER ESTA PALABRA DE DIOS !

Pero primero, lo invitamos a recibir la carta del autor escrita para sus lectores. Esta carta podría servir como hoja de ruta y guía educativa. Sin embargo, nunca es cristiano creer que nuestro Señor actuará de manera idéntica en todos los casos, durante tu crecimiento espiritual o en el ministerio pastoral de evangelización a través de ti. Es por ello que, una vez más, los invitamos a permanecer atentos a su voz espiritual, a través del canal infalible que representa para cualquiera, la lectura asidua de su palabra, la Biblia.

B ermanos y hermanas, que la paz de Dios que sobrepasa todo entendimiento, guardará vuestros pensamientos en Cristo Jesús ! ".

Acoger, tomando con la Iglesia, el pequeño camino angosto que conduce a la eternidad, y del que sólo el Hijo de Dios es Guía y Soberano Pastor...

En primer lugar, le aconsejaremos durante su estudio bíblico que sea crítico con el significado de las doctrinas que abordarán estas santas cartas. En esto, seguirás las recomendaciones de los Apóstoles según Hechos 17:11. " Estos judíos tenían sentimientos más nobles que los de Salónica; recibieron la palabra con gran entusiasmo y examinaron las Escrituras todos los días para ver si lo que se les decía era correcto. "

A medida que crece como cristiano, lea su Biblia con regularidad. Escuche al Espíritu Santo. Comparta esta riqueza con otros. Sea generoso, especialmente con los que le rodean. Sepa cómo fomentar las iniciativas de estudios comunitarios. Pon a prueba a quienes con espíritu de vana crítica te acusarán de sectario. Lucha sin dejarte distraer por los enemigos de tu alma. Simplifique su vida cristiana. Ayude a los pobres de su vecindario, comenzando por los miembros de su familia. Participe en campañas de evangelización pública. ¡Explota todos los nichos de la comunicación y difunde las buenas nuevas como sembradores de vida !

No ignore a nadie en sus oraciones. Invoca el favor de Yahvé Dios a los que te escuchan, pero también a los que te resistirán. " No tengas enemigos..., vive en paz con todos... y mantente en perfecta armonía... ", con toda la Iglesia de Cristo local en el país, ciudad o distrito de tu residencia.

Hermanos y hermanas, " huid del pecado " y " sed santos " porque " nuestro Dios es Santo. " Y en agradecimiento a Dios por haberte salvado y enviado ", cántale constantemente y cánticos espirituales bajo la inspiración de su Espíritu. "

Como has " recibido gratis ", ¡no rompas esta cadena de solidaridad ! Con los nuevos discípulos, comience presentando el evangelio y luego aborde los temas doctrinales según su audiencia y sus necesidades espirituales. Podrás elegir los temas que más te convengan, obedeciendo la voz del Espíritu Santo. Y como el " eunuco etíope " debes saber que Cristo se les unirá en el camino cuando te tomes la molestia de enseñárselo, especialmente a los jóvenes. Entréguense a sus Hermanos Cristianos " como ofrenda a Dios ", porque " la mies es mucha pero los obreros pocos. " Además, recuerda la promesa de Cristo en la parábola de " obreros de la última hora "

Así, " nuestro gozo será perfecto " al saber que van camino a la patria celestial, siendo hijos de Dios y siervos de Cristo, si han aprendido que " no hay mayor amor que dar la vida por aquellos a quienes amamos ". amor ". Así como " hay más alegría en dar que en recibir "

Por último, ser feliz, a la espera de nuestro Salvador Jesús, que " se no se olvide de su participación en la propagación del Evangelio y el mensaje de la verdad ". No temas sino a Dios mismo. Y luego, muy rápidamente cuéntanos sobre tu testimonio: dones que el Espíritu Santo te habrá otorgado, con miras a perfeccionar el cuerpo de Cristo. " ¡ Sean bendecidos en todos los sentidos ! "

*Entonces, " **AMADOS** ", reciban estos estudios bíblicos como un regalo del Señor Jesús, transmitidos por el ministerio de evangelización de su Iglesia en Camerún, por su devoto servidor y modesto hermano de África, que desea recordarles que Yahwéh Dieu, a través de su Hijo Jesucristo, te ama con Amor Eterno. También crea en nuestro devoto afecto fraterno, a través del anticipo del Espíritu Santo. Amén.*

Nota: *Al final del estudio de la Biblia, en (* ***Página 3 de 3*** *) de este título, se encuentran los diferentes temas propuestos en la colección de estudio bíblico* ***"Que el que lee,***

tenga cuidado". Recordamos a los lectores que esta serie de estudios bíblicos cristianos está disponible sin cargo para su edificación en www.chrétiens-Église.org

CAMERÚN SAMUEL, Apóstol del SEÑOR JESUCRISTO.
camerounsamuel@gmail.com *Tel* **+ 237 690600469 o + 237 679647767**

Texto introductorio

Deuteronomio 4:12 - 39

Y Jehová os habló de en medio del fuego; Escuchaste el sonido de las palabras, pero no viste ninguna figura, solo escuchaste una voz. Publicó su pacto, que te ordenó guardar, los diez mandamientos; y las escribió en dos tablas de piedra. En ese tiempo, el Señor me ordenó que te enseñara los estatutos y los juicios, para que los cumplieras en la tierra que vas a poseer. Puesto que no vieron ninguna figura en el día que el Señor les habló de en medio del fuego en Horeb, velen con cuidado por sus almas, no sea que se corrompan y se hagan una imagen esculpida, una imagen de algún ídolo, la figura de un hombre o una mujer, la figura de un animal que está en la tierra, la figura de un pájaro que vuela en los cielos, la figura de una bestia que se arrastra por el suelo, la figura de un pez que vive en las aguas de abajo la tierra. Guarda tu alma, pe corazón levantas tus ojos al cielo y viste el sol, la luna y las estrellas, todo el ejército del cielo, te dejas llevar y te inclinas ante ellos y les rindes culto: estas son las cosas que el Señor tu Dios ha dado a todos los pueblos para compartir bajo todo el cielo. Pero a ti, el Señor, te tomó y te sacó del horno de hierro de Egipto, para que pudieras ser un pueblo suyo, como lo eres hoy. Y el SEÑOR se enojó conmigo por causa de ustedes; y juró que me gustaría no cruzar el Jordán y entrar en la buena tierra que el Señor tu Dios te ha dado por heredad. Por tanto, moriré en esta tierra; No cruzaré el Jordán; pero se pasa a ella, y usted será dueño de este buen país. Cuidado de sí mismos, que no olvida el pacto que el Señor su Dios ha hecho contigo, y que no haga una escultura o imagen de cualquier representación que sea, que el Señor tu Dios, que defendió. Porque el Señor tu Dios es fuego consumidor, un Dios celoso. Cuando tengan hijos e hijos de sus hijos, y hayan estado en la tierra por mucho tiempo, si se corrompen, si hacen esculturas, representaciones de cualquier cosa, si hacen lo malo ante los ojos del Señor. el Dios que lo provocan, - al cielo ya la tierra por testigos hoy contra vosotros, - que se pierda por una muerte rápida de la tierra que se va a tomar posesión de más allá del Jordán, no se prolongará sus días allí, porque serás completamente destruido. El Señor los esparcirá entre los pueblos, y quedarán pocos en número entre las naciones adonde el Señor los llevará. Y allí servirás a dioses, obra de manos humanas, madera y piedra, que no pueden ver, oír, comer ni oler. También desde allí buscarás al Señor tu Dios, y lo hallarás, si lo buscas con todo tu corazón y con toda tu alma. En medio de tu angustia, todas estas cosas te sucederán. Entonces, en los últimos días, volverás al Señor tu Dios y escucharás su voz; porque el SEÑOR tu Dios es un Dios de misericordia, que no te abandonará ni te destruirá; no se olvidará del pacto que sus padres les juró. Pregúntate a los tiempos antiguos antes que tú, desde el día en que Dios creó al hombre en la tierra, y desde un extremo del cielo hasta el otro: ¿ Hubo alguna vez un evento tan grande y nunca escuchaste algo así? ¿Hubo alguna vez un pueblo que escuchó la voz de Dios hablando desde en medio del fuego, como tú lo escuchaste, y viviste? Hubo alguna vez un Dios venir a tomar para sí una nación de en medio de otra nación, con pruebas, con señales, milagros y de la lucha con mano fuerte y brazo extendido, y con grande espanto, como el Señor tu Dios hizo por tú en Egipto y ante tus ojos? Has sido has hecho un testigo de estas cosas, que tú seas saben que el Señor es Dios, que no hay ningún otro. Desde el cielo, te hizo oír su voz para instruirte; y en la tierra te mostró su gran fuego, y oíste sus palabras en medio del fuego. Amó a vuestros padres y eligió su descendencia después de ellos; él mismo te sacó de Egipto con su gran poder; Expulsó delante de ti a naciones superiores en número y en poder, para llevarte a su tierra y darte una posesión de ella, como ves hoy. Conoce, pues, hoy, y recuerda en tu corazón que el Señor es Dios arriba en los cielos y abajo en la tierra, y que no hay nadie más. Y guarda sus leyes y sus mandamientos que te doy hoy, para que seas feliz, tú y tus hijos después de ti, y de aquí en adelante prolongues tus días en la tierra que el Señor tu Dios te da. "

INTRODUCCIÓN

Primer Mandamiento De Dios a Moisés

" No tendrás otros dioses delante de mí. "

T él primeras palabras de Dios, sus mandamientos diez, aunque transcrito directamente de él, sabe multitud de interpretaciones y diversas doctrinas que emanan de estos códigos de comunión con su pueblo. La deriva más popular de todas es la de la doctrina sobre la Trinidad. De esencia católica, esta doctrina originalmente pagana fue importada de las creencias hindúes de Oriente, comprendiendo entre otros el culto mariano, la devoción al dios sol, las oraciones dirigidas a los ángeles y a varios espíritus. Esto contrasta con el culto exclusivo reservado al Dios de Israel, el único Dios invisible YAHWEH, cuya ley mosaica estipulaba expresamente en sus Diez Mandamientos, su singularidad.

D egree en el preámbulo del Decálogo, uno encuentra fácilmente la distinción reservada para la persona del autor: lo culto que es debido por las personas semita, que acaba de salir de la politeísta Egipto.

A riesgo de ir a la deriva, en las Epístolas de
Juan que recuerdan lentos en c son cartas sa
ntas, *1 Juan 3: 18-19, 1 Juan 4: 1-6,* que la naturaleza de Jesús, también se hizo Hombre, anuncio de lo que está en juego. de una apostasía doctrinaria, consecuencia de la perdición del mundo que empezó a creer en un Jesucristo que sería de esencia y al mismo tiempo de naturaleza divina. Porque según el " CREDO " de la Babilonia espiritual, él (Jesucristo) sería Dios, nacido del Dios Verdadero, engendrado no creado, de la misma naturaleza que El Padre... ''. Sin embargo, la Biblia es clara sobre lo que está

en juego en esta doctrina relacionada con la naturaleza de Jesús. 2 Juan 1: 7 " *Porque muchos engañadores han entrado en el mundo, que no confiesan que Jesucristo ha venido en carne. El que es tal es el seductor y el anticristo.* " Derivaciones que los Hombres han comenzado a iniciar desde los tiempos apostólicos oliques hasta la conclusión de la historia de la onda m, cuando apareció en la escena internacional, el ser que la Biblia llamó " Abominación *desoladora* ", " del Ho mbre *impío* ", de " *Malvado* ", " de *Adversario de Dios* ", simplemente de " ***" 666 "*** ".

Los 'son doctrinas perversas y satánicas, que perdieron la cristiandad espiritual mundial desde el ascenso de este hombre malvado, se ponen a los activos de esa personalidad, que al menos se afirma que es parte del cinismo y que está allí incluso a la cabeza de los apóstoles como **"Sucesor de Pedro"**, **"Vicario del Hijo de Dios"**, **"Jefe de Estado"**, luego finalmente " *como Dios mismo en la tierra al proclamarse como tal en la Iglesia, justo antes del* *regreso de Cristo, imponiendo la ¡Marca del número espiritual "666" en todos los habitantes de la tierra !* » *2 Tesalonicenses 2: 3 - 7* y *Apocalipsis 13: 1 - 18.*

1. ¿CÓMO LE HABLÓ DIOS A SU PUEBLO EN LA ANTIGUA?

Deuteronomio 4: 12

" E t el Señor habló a usted mijo Gd fuego, que escuchó el sonido de las palabras, pero no vio ninguna figura, sólo se oyó una voz. "

Nota: ¡ De acuerdo con este texto, uno podría creer que Dios se dirigió a su pueblo directamente !

2. ¿Qué es en realidad? *Hechos 7: 30-32*

" Cuarenta años después se le apareció un ángel en el desierto del monte Sinaí en la llama de una zarza ardiente. Moisés, al ver esto, se asombró de esta aparición; y al acercarse él para examinar, se oyó la voz del Señor: Yo soy el Dios de vuestros padres, el Dios de Abraham, de Isaac y de Jacob. Y Moisés, temblando, no se atrevió a mirar. "

3. ¿Puede un hombre ver directamente al Dios de la Biblia?

Éxodo 33:20 " *El dijo Jehová: No verás mi rostro: porque el hombre puede no mi y en vivo ver.* "

4. Vamos t que por lo tanto todo lo que vio en la Biblia que t se transportaba espiritualmente en el cielo? Hechos 7: 55 - 56

Stephen " *Pero Esteban, lleno del Espíritu Santo, y la fijación de la mirada hacia el cielo, vio la gloria de Dios ya Jesús de pie a la diestra de Dios. Y él dijo: He aquí, veo los cielos abiertos, y al Hijo del Hombre de pie a la diestra de Dios.* "

Pablo de Tarso 2 Corintios 12: 1 - 5 " *Debemos jactarnos... No es bueno. Sin embargo, llegaré a visiones y revelaciones del Señor. Yo sé un hombre en Cristo, que fue, hace catorce años, deleitó al tercer cielo (si estaba en su cuerpo, no lo sé, si fue fuera de su cuerpo, no lo sé, Dios lo sabe). Y sé que este hombre (si estaba en su cuerpo o sin su cuerpo, no lo sé, Dios lo sabe) fue llevado al paraíso, y que escuchó palabras inefables que un hombre no puede expresar. Me gloriaré de tal hombre, pero de mí* *mismo no me gloriaré, excepto en mis debilidades. "*

Juan de la Apocalipsis 1: 12- 18, " *Me volvió a ver lo que era la voz que me hablaba. Y después me di la vuelta, vi siete candeleros de oro, y en medio de los candelabros de siete a alguien parecido a un hijo del hombre, vestido con una túnica larga y con un cinturón dorado en el pecho. Su cabeza y cabello eran blancos como la lana, blancos como la nieve; sus ojos eran como una llama de fuego; sus pies eran como latón caliente, como si le hubieran puesto ardía en un horno; y su voz era como el sonido de grandes aguas. Tenía siete estrellas en su mano derecha. De su boca salía una espada aguda de dos filos, y su rostro era como el sol cuando brilla en su fuerza.. Cuando lo vi, caí como muerto a sus pies. Él puso su mano derecha sobre mí, diciendo: ¡ No temas! Yo soy el primero y el último, y el vivo. Estaba muerto; y he aquí, estoy vivo. por los siglos de los siglos. Tengo las llaves de la muerte y del infierno ".*

Isaías en el libro que lleva su nombre, referencias 6: 1 - 3 " *En el año* *de la muerte del rey Uzías, vi al Señor sentado en un trono muy alto, y los faldones de su manto llenaban el templo. Serafines estaba encima de él; cada uno tenía seis alas; dos con el rostro cubierto, dos con sus pies cubiertos, y dos con que se utilizan para robar. Clamaban unos a otros y decían: Santo, santo, santo es el Señor de los ejércitos. ¡Toda la tierra está llena de su gloria!* " Isaías 6: 1 - 3 " *Entonces dije: ¡Ay de mí! Estoy perdido, porque soy un hombre cuyos labios son inmundos; Habito entre un pueblo de labios inmundos, y mis ojos han visto al Rey, el SEÑOR de los ejércitos.* "

Jeremías también en *Jeremías 1: 9* " *Entonces el Eterno extendió su mano y tocó mi boca; y el Señor dijo a mí, he aquí, he puesto mis palabras en tu boca.* "

Ezequiel todavía en *Ezequiel 1: 26 - 28* " *Sobre el cielo que estaba sobre sus cabezas había algo como una piedra de zafiro, en forma de trono; y en esta forma de trono apareció una figura de un hombre colocado encima de él. Todavía veía como bronce pulido, como fuego, dentro del cual estaba este hombre, y que irradiaba* *todo alrededor; desde la forma de sus lomos hasta arriba, y desde la forma de sus riñones hasta abajo, vi como fuego y como una luz brillante con la que estaba rodeado. Como la apariencia del arco que está en la nube en un día lluvioso, así era la apariencia de la luz brillante que lo rodeaba: era una imagen de la gloria del Señor. Al ver esto, caí de bruces y escuché la voz de alguien hablando. "*

5. ¿Por qué el Hom m e puede ver a Dios? *Éxodo 33: 20*

" El Señor dijo: No verás mi rostro, porque el hombre no puede verme y vivir. "

6. ¿Hay un solo hombre que la Biblia dice que vio a Dios?

Juan 6:46 " Porque nadie ha visto al Padre, sino el que es de Dios; que ha visto al Padre. " Juan 1:18" Nadie ha visto jamás a Dios; el unigénito Hijo, que está en el seno del Padre, es el que le dio a conocer. "

7. El se hizo que PotRes pidieron a Jesús que les permita a ver a Dios el Padre?

Juan 14: 8 - 9 " Felipe le dijo: Señor, muéstranos al Padre, y nos basta. Jesús le dijo: `` He estado con ustedes tanto tiempo, y que se no sabe de mí, Philip! El que me ha visto a mí, ha visto al Padre; ¿Cómo dices: muéstranos al Padre? "

8. ¿Cuál es el significado de estas palabras de Jesús? *Juan 10: 30*
" Yo y el Padre somos uno. " Juan 17: 22 " Les he dado la gloria que ustedes me han dado para que sean uno como nosotros somos uno " Colosenses 1: 15" Él es la imagen del Dios invisible, el primogénito de toda la creación. Porque en él fueron creadas todas las cosas que hay en los cielos y en la tierra, lo visible y lo invisible, tronos, dignidades, dominios, autoridades. Todo fue creado por él y para él. Él es antes de todas las cosas y todas las cosas subsisten en él. Es la cabeza del cuerpo de la Iglesia; es el principio, el primogénito de entre los muertos, para ser el primero en todo. "

9. ¿Explica el término primogénito que Jesús fue creado antes de su

nacimiento

carnal por María? *Proverbio 8: 22-36*

" El Señor me creó la primera de sus obras, antes que sus obras la más antigua. Yo fui establecido desde la eternidad, Desde el principio, antes del origen de la tierra. Nací cuando no había profundidades, No había manantiales cargados de agua; Antes que se establecieran las montañas, antes de que existieran las colinas, yo nací; aún no había hecho la tierra, ni los campos, ni el primer átomo de polvo del mundo. Cuando él dispuso los cielos, yo estaba allí; cuando Hizo un círculo sobre la faz del abismo, cuando fijó las nubes arriba, y las fuentes del abismo brotaron con poder, cuando dio un límite al mar, para que las aguas no quisieran, no cruzó los bordes., Cuando puso los cimientos de la tierra, yo trabajaba junto a él, y lo deleitaba todos los días, jugando incesantemente en su presencia, jugando en la tierra del globo de son, y encontrando mi felicidad entre los hijos del hombre. Y ahora Hijos míos, escúchenme, ¡ Y felices los que observan mis caminos! Escuchen la instrucción, para convertirse en ise, Do lo rechaza. ¡Feliz el hombre que me escucha, que vigila mis puertas todos los días y que guarda los postes! Porque el que me

encuentra, encuentra la vida y alcanza el favor del Señor. Pero el que peca contra mí, daña su alma; Todo el que me odia ama la muerte. "

10. Observemos las similitudes entre los dos textos bíblicos del Antiguo y el Nuevo Testamento: Proverbio 8: 22 - 36 y Colosenses 1: 15

Colosenses 1:15 " *Él es la imagen del Dios invisible, el primogénito de toda la creación. Porque en él fueron creadas todas las cosas que hay en los cielos y en la tierra, lo visible y lo invisible, tronos, dignidades, dominios, autoridades. Todo fue creado por él y para él. Él es antes de todas las cosas y todas las cosas subsisten en él. Es la cabeza del cuerpo de la Iglesia; es el principio, el primogénito de entre los muertos, para ser el primero en todo.* "

11. ¿Este término primogénito también se usa en el Nuevo Testamento? Apocalipsis 22:13

" *Yo soy el alfa y la omega, el primero y el último, el principio y el fin.* "

12. ¿Quién es, pues, aquel a quien todos los profetas vieron en

visión? Deuteronomio 5: 6 - 11 " *Yo soy el SEÑOR tu Dios, que te saqué de la tierra de Egipto, de casa de servidumbre. No tendrás dioses ajenos delante de mí. No te harás una estatua esculpida, cualquier representación de las cosas que están arriba en los cielos, que están abajo en la tierra, y que están en las aguas más bajas que la tierra. No estarás delante de ellas, ni las servirás, porque yo, el Señor tu Dios, soy un Dios celoso, que castiga la iniquidad de los padres sobre los hijos hasta la tercera y cuarta generación de los que me aborrecen, y que tiene misericordia de mil generaciones con los que me aman y guardan mis mandamientos. No tomarás el nombre del SEÑOR tu Dios en vano; porque no dará por inocente el SEÑOR al que tomare su nombre en vano* ".

Nota: Dado que Dios no puede ser visto, uno podría concluir que los mandamientos y leyes que fueron proclamados y anunciados, fueron hechos por los ángeles de Dios, ¡no por Dios mismo !

13. ¿Qué dice la Biblia sobre esto? Hechos 7:53 " *¡ Ustedes que han recibido* *la ley según los mandamientos de los ángeles, y no la han guardado !... "*

14. ¿Cuál fue la naturaleza de los ángeles enviados por Dios a sus profetas como se describe en la Biblia? *Éxodo 23: 20 - 24 de*

" He aquí, yo envío mi mensajero delante de ti, para protegerle en el camino, y te introduzca en el lugar que yo he preparado. Tengan cuidado en su presencia, y escuchan su voz; resistirse a él no, porque lo hará no perdonaré tus pecados, porque mi nombre está en él. Pero si escuchas su voz y haces lo que te diga, seré enemigo de tus enemigos y adversario de tus adversarios. Mi ángel irá delante de ti. y llevará a los

amorreos, hititas, ferezeos, cananeos, heveos y jeb useos, y destruiré ellos. no has de inclinarse a sus dioses, ni los servirás; no has de imitar a estos pueblos en su conducta, pero tú los destruirás, y harás pedazos sus estatuas ".

15. Durante la reunión entre el ejército israelí y el ángel, ¿cómo se le presenta a Josué? Josué 5:13 - 15

" Cuando Josué estaba cerca de Jericó, levantó los ojos y miró. He aquí, un hombre estaba de pie ante él, con la espada desenvainada en la mano. Se acercó a él y le dijo: ¿Eres de los nuestros o de nuestros enemigos? Él respondió: No, pero yo soy el capitán del ejército del Señor; Ya vengo. Josué se postró rostro en tierra, se postró y le dijo: ¿Qué dice mi señor a su siervo? Y el capitán del ejército de Jehová dijo a Josué: Quita el calzado de tus pies, porque el lugar en que estás es santo. Y Joshua lo hizo. "

16. Los ángeles enviados por Dios también pueden venir en forma espiritual. Vamos a ver: Hebreos 1: 13 - 14

" ¿ Y a cuál de los ángeles dijo en cualquier momento: Siéntate a mi diestra, hasta que ponga a tus enemigos por estrado de tus pies?" ¿No son todos espíritus al servicio de Dios, enviados para ministrar a aquellos que han de heredar la salvación? "

17. ¿Cuál es la naturaleza de Dios, como se describe en la Biblia?

Juan 4: 24 " *Dios es espíritu, y los que _him_ culto, adoran _him_ en espíritu y en verdad.* "

18. El Dios de la Biblia " Jehová " que cambie? Malachie 3: 16

" *Porque yo soy el Señor, no cambio; Y ustedes, hijos de Jacob, no fueron consumidos.* "

Nota: También se declara que Jesús nunca ha cambiado desde que ascendió al cielo.

19. Pero, ¿qué clase de Jesús es ahora en el cielo? Hebreos 13: 8 " *Jesús Cristo es el mismo ayer, hoy y para siempre.* " Hey fibrosa 9: 12" *y entró una vez para siempre en el Lugar Santo, no tomar la sangre de machos cabríos ni de becerros sangre propósito suyo, habiendo obtenido eterna redención.* " Hey fibroso 2: 5-9 " *De hecho, no es a los ángeles que Dios sujetó el mundo venidero del que hablamos. Ahora alguien ha dado* *testimonio en alguna parte: ¿Qué es el hombre, que te acuerdas de él, o el hijo del hombre, que lo cuidas? Usted lo bajaron por un tiempo inferior a los ángeles, te lo coronaste de gloria y dignidad, te pones todas las cosas bajo sus pies. De hecho, al someterle todas las cosas, Dios no dejó nada que no le estuviera sujeto. Sin embargo, todavía no vemos ahora que todas las cosas están sujetas a él. Pero al que fue rebajado un poco por debajo de los ángeles, Jesús, lo vemos coronado de gloria y honra por la muerte que sufrió, de modo que, por la gracia de Dios, sufrió la muerte por todos.* "

20. Debido a que Jesús está en el cielo por la eternidad es para que él sea el equivalente de Dios? *Filipenses 2: 6 - 11*

" Tengan en ustedes los sentimientos que hubo en Jesucristo, el cual, existiendo en la forma de Dios, no consideró como una presa para ser arrebatado de ser igual a Dios, sino que se despojó de sí mismo, tomando la forma de un siervo, haciéndose semejante hombres; y habiendo aparecido como un hombre sencillo, se humilló a sí mismo, haciéndose obediente hasta la muerte, hasta la muerte de cruz. Por tanto, Dios también lo exaltó con gran soberanía, y le dio el nombre que es sobre todo nombre, que en el nombre de Jesús que toda rodilla se doble en los cielos, y en la tierra y debajo de la tierra, y toda lengua confiese que Jesucristo es el Señor, para gloria de Dios Padre ".

21. ¿Se compara Dios con el hombre?

Respuesta: ....

22. ¿ Permitir Dios que los ángeles en el cielo o en la tierra, reciban adoración? *Apocalipsis 19: 10 " Y cayeron a sus pies para _him_ culto, meta que me dijeron: Tenga cuidado de no hacerlo! Soy tu compañero, y la de sus hermanos que-tienen el testimonio de Jesús. Adora a Dios. - Porque el testimonio de Jesús es el espíritu de profecía ".*

23. ¿Cuántas veces tuvo Juan la tentación de adorar al ángel?
Apocalipsis 22: 8 - 9 " Se es Yo, Juan, que han oído y visto estas cosas. Y cuando hube oído y visto, caí a los pies del ángel que me las mostraba para adorarlo. Pero me dijo: ¡ Cuídate de no hacerlo! Yo soy consiervo tuyo, y de tus hermanos los profetas, y de los que guardan las palabras de este libro. Adora a Dios. "

24. ¿Qué había sido de este Jesús cuyo nombre el ángel

mencionó en *"Adorad a Dios, porque el testimonio de Jesús es el espíritu de profecía"?*

Apocalipsis 22: 10 - 16 " *Y me postré a sus pies para adorarle; pero me dijo: ¡Cuídate de no hacerlo! Soy consiervo tuyo y el de tus hermanos que tienen el testimonio de Jesús. Alabar a Dios. -Porque el testimonio de Jesús es el espíritu de profecía. Entonces vi el cielo abrirse, y he aquí, apareció un caballo blanco. El que lo montó se llama Fiel y Verdadero, y juzga y pelea con justicia. Sus ojos eran como una llama de fuego; en su cabeza había varias diademas; tenía un nombre escrito, que nadie conoce, excepto él mismo; y estaba vestido con un manto teñido de sangre. Su nombre es la Palabra de Dios. Los ejércitos que están en el cielo lo siguieron en caballos blancos, vestidos de lino fino, blanco, puro. De su boca salió una espada afilada para herir a las naciones; los regirá con vara de hierro; y pisará el lagar del vino del ardor de la ira del Dios Todopoderoso. Tenía un nombre escrito en su manto y en su muslo: Rey de reyes y Señor de señores.* "

Nota: El nombre de este ángel allí dado muestra la identidad de la persona que dirige al Señor de los ejércitos en el cielo: " *Su jinete se llama Fiel y Verdadero, y juzga y hace la guerra con justicia.* " En cuanto a su sacrificio supremo "*... él estaba vestido con una prenda teñida de sangre.* " El elemento de la creación del mundo y el universo regresa aquí " *Su nombre es la Palabra de Dios.* " Finalmente de su unción suprema de Soberano Guía de los ejércitos del cielo, uno todavía encuentra, "*... Los ejércitos que están en el cielo lo siguieron en caballos blancos, cubiertos de un lino fino, blanco, puro* "

25. ¿Qué es, el de las naciones que operó la salvación por medio de su sacrificio de sangre?

Apocalipsis 22: 10 - 16

"*... los gobernará con vara de hierro* "

26. Regresa - ¿ Él como Dios o como Rey? *Apocalipsis 22: 10-16* " *... Rey de reyes y Señor de señores.* "

Nota: Algunas personas pueden verse tentadas a aplicar el siguiente pasaje de 1 Timoteo y Apocalipsis tanto a Dios como a Jesús.

27. ¿Se verifica esto así?

1 Timoteo 6: 16 " *Recomendaré, delante de Dios que da vida a todas las cosas, y de Cristo Jesús, quien hizo la buena confesión delante de Poncio Pilato, para guardar el mandamiento, y sin mancha, sin mancha, hasta que, en la aparición de nuestro Señor Jesucristo, que manifestará en su tiempo el bendito y único soberano, el rey de reyes y el Señor de señores, el único que posee la inmortalidad, que habita en una luz inaccesible, a quien ningún hombre ha visto y no puede ver, a la que pertenecen el honor y el poder eterno. Amén!* "

28. ¿Quién appartien nen t - que s h onor y poder eterno? 1 T imothée 6: 16 " *Los R reyes oi, y Señor de los nobles que sólo tiene inmortalidad* "

Nota: ¡ Se dice que Jesús también tiene todos estos atributos !

29. ¿Pero qué dice el resto del texto? 1 timoteo 6: 16

" *Que habita en una luz inaccesible, que ningún hombre ha visto ni puede ver* "

Nota: ¡Entendemos con estos atributos que acabamos de declarar que en verdad es Dios !

30. ¿ COMPARTE DIOS SU GLORIA CON UN HOMBRE? Deuteronomio 4: 35 - 40

" *Tú sido has hecho un testigo de estas cosas, que tú seas saben que el Señor es Dios, que no hay ningún otro. Desde el cielo, te hizo oir su voz para darle instrucciones; y sobre la tierra te mostró su gran fuego, y oíste sus palabras de en medio del fuego. Amaba a vuestros padres, y escogió su descendencia después de ellos; él mismo os sacó de Egipto con su gran poder; expulsó de delante de vosotros a naciones superiores en número y en poder., para lograr que en su tierra, para darle una posesión de los mismos, como se ve hoy en día. Aprende pues, hoy, y recordar en tu corazón que Jehová es Dios arriba en el cielo y abajo en la tierra, y que no hay otro. Y guarda sus leyes y sus mandamientos que te doy hoy, para que seas feliz, tú y tus hijos después de ti, y de aquí en adelante prolongues tus días en la tierra que el Señor tu Dios te da.* "

31. ¿Cuál es el riesgo en el tiempo de Jesús para su naturaleza? 1 juan 4

" Amados, no pongan fe en todo espíritu; pero prueba los espíritus, si son de Dios, porque muchos falsos profetas han venido al mundo. Reconocer el Espíritu de Dios por esto: todo espíritu que confiesa que Jesús Cristo venido en carne, es de Dios; y todo espíritu que no confiesa a Jesús no es de Dios, es el de la anticristo, cuyo advenimiento de haber oído, el cual es ahora ya está en el mundo. "

32. ¿ De quién proviene la enseñanza de Jesucristo el hombre? 1 juan 4

" Usted, abuelos hijos, son de Dios y tienen que superar, ya que se encuentra en su salud es mayor que el que está en el mundo. Ellos son del mundo; por lo tanto, que hablan después de que el mundo, y las escuchas mundo para ellos. " 1 Juan 4 " Somos de Dios; el que conoce a Dios, nos escucha; el que no es de Dios, no nos escucha: en esto conocemos el espíritu de verdad y el espíritu de error ".

33. ¿ Cuándo iba a aparecer la enseñanza de otro

Jesús? 1 Juan 2:18 " *Hijitos, esta es la última hora, y como habéis oído* que viene un anticristo, *ahora hay* muchos anticristos: *por esto sabemos que es la* última hora. "

34. ¿Qué clasificatorios se les asignan? 2 juan 7

" *Porque muchos engañadores han entrado en el mundo, que no confiesan que Jesucristo ha venido en carne* ".

35. Como engañadores, ¿cómo los califican todavía en la Biblia? 2 juan 7

" *El que es tal* es el seductor y el anticristo. *Mirad por vosotros mismos, para no perder el fruto de vuestro trabajo, sino recibir una recompensa completa. Quien va más allá y no permanece en la doctrina de Cristo, no tiene a Dios; el que permanece en esta doctrina tiene al Padre y al Hijo.* " 2 Juan 7 " *Si alguien viene a ti y no trae esta doctrina, no lo recibas en tu casa, y no le digas: ¡Salve! Para el que le dice: ¡Hola! Participa en sus malas obras.* "

36. ¿A qué se refiere el término "*esta doctrina*" en 2 Juan 7?

1 Timoteo 2: 5-7 " *Porque hay un solo Dios, y también un solo Mediador entre Dios y los hombres, Jesucristo el hombre, que se dio a sí mismo en rescate por todos. Este es el testimonio dado en su propio tiempo, y para el cual he sido designado predicador y apóstol, digo la verdad, no miento, encargado de instruir a los gentiles en la fe y la verdad.* "

37. ¿Cuál fue también el nombre que Jesús se dio a sí mismo?

Mateo 8:20 " *Jesús le respondió: Las zorras tienen guaridas y las aves del cielo nidos; pero el Hijo del Hombre no tiene donde reclinar la cabeza.* "

38. ¿Cuántas veces se le llama con este nombre Hijo del Hombre?

Nota: En el Nuevo Testamento, solo el término hijo del hombre es usado por lo menos 90 veces por Jesús mismo o por estos testigos. Por lo tanto, debemos entender cuánto deseaba Jesucristo que aquellos que creerían en él no lo confundieran en su naturaleza al venir a la tierra.

37. ¿Cómo entender este poder mostrado en El Hijo de Dios? *Juan 1: 1*

" Todas las cosas fueron hechas por ella, y nada de lo que se hizo se hizo sin ella. En ella estaba la vida, y la vida era la luz de los hombres. "

38. PERO ¿CUÁL ERA SU NATURALEZA INICIALMENTE ANTES DE APARECER A LOS HOMBRES? *Proverbio 8: 1-22*

" El Señor me creó la primera de sus obras, antes que sus obras más antiguas. Estoy establecido desde la eternidad, desde el principio, antes del origen de la tierra. "

39. ¿Nació Jesús? ¿Conocía un comienzo? ¿Una creación como todos los seres? *Proverbio 8: 1-22*

" Nací cuando no había abismos, ni manantiales cargados de agua "

40. ¿Fue antes de la creación de las montañas de la tierra?

Proverbio 8: 1 -22 " Antes que se establecieran los montes, antes que existieran los montes, yo nací; Aún no había hecho la tierra, ni los campos, ni el primer átomo de polvo del mundo. "

41. ¿Fue antes de la creación del cielo? Proverbio 8: 1-22

" Cuando él dispuso los cielos, yo estaba allí; Cuando trazó un círculo sobre la faz del abismo, cuando fijó las nubes arriba, y las fuentes del abismo estallaron con poder, cuando dio un límite al mar, para que las aguas no cruzaran sus límites., Cuando puso los cimientos de la tierra "

42. ¿Cuál fue su papel con Dios? Proverbio 8: 1-22

" Estaba trabajando con él "

43. ¿Qué sentimiento hacia el Padre animó en la tierra en presencia de otros hombres desde la creación del hombre?

Proverbios 8: 1-22 *" E t yo era cada día su deleite, regocijándome siempre en su presencia, Jugando sobre el globo de su tierra; y mis delicias eran hijo de hombre ".*

Nota: Es por eso que durante la creación, los dos pudieron decirse el uno al otro: hagan al hombre a nuestra imagen a nuestra semejanza, como informa Génesis. *Génesis 1: 26-27 " Entonces dijo Dios: Hagamos al hombre a nuestra imagen, conforme a nuestra semejanza, y reine sobre los peces del mar, las aves del cielo y las bestias, sobre toda la tierra y sobre todos los reptiles que se arrastran por la tierra. Dios creó al hombre a su imagen, a imagen de Dios lo creó, varón y hembra los creó él. "*

44. ¿Cómo llama Jesús a los que le obedecen?

Proverbio 8: 1 -22 " Y ahora, hijos míos, escúchenme, y dichosos los que guardan mis caminos. Escuchar a la instrucción, a ser sabio, Do lo rechaza. ¡Feliz el hombre que me escucha, que vigila mis puertas todos los días y que guarda los postes! Porque el que me encuentra, encuentra la vida y alcanza el favor del Señor. "

45. ¿Cómo califica Jesús en este pasaje antes de aparecer a los hijos de los hombres? *Proverbios 8: 1 -21*

" *¿El no clama la sabiduría? No eleva la inteligencia de su voz? Es en la parte superior de las alturas cerca de la carretera, se encuentra en el cruce que se coloca a sí misma; Al lado de las puertas, a la entrada de la ciudad, dentro de los puertas, ella lanza sus gritos: Hombres, a ustedes lloro, Y mi voz se dirige a los hijos del hombre. Estúpido, aprendan discernimiento; Necios, aprendan inteligencia. Escuchen, porque tengo grandes cosas que decir, Y mis labios se abren para Enseña la justicia. Porque mi boca proclama la verdad, y mis labios aborrecen la mentira; Todas las palabras de mi boca son justas; no tienen nada de falso o engañoso; Todas son claras para los inteligentes, Y directas para los que han hallado conocimiento.. Prefiero mis instrucciones a la plata, y la ciencia a los más preciosos de oro; la sabiduría es mejor que las perlas, es más valioso que todas las cosas caras. yo, la sabiduría, tengo el discernimiento de morada, y poseo la ciencia de la reflexión. el temor del Señor es el odio al mal; la arrogancia y el orgullo, el camino del mal, y el perverso boca, eso es lo que odio. Los consejos y el éxito son míos; Soy inteligencia, la fuerza es mía. Por mí* *reinan los reyes, y los príncipes decretan la justicia; Por mí gobiernan los gobernantes, los grandes, todos los jueces de la tierra. Amo a los que me aman, Y los que me buscan, me encuentran. Conmigo están los ricos y la gloria, los bienes duraderos y la justicia. Mejor es mi fruto que el oro, que el oro puro, y mejor es mi producto que la plata. Camino por el camino de la justicia, en medio de las sendas de la justicia, para dar bienes a los que me aman y llenar sus tesoros. "*

Job 28:27 *" Entonces vio la sabiduría y la manifestó; puso sus cimientos y lo puso a prueba. "*

46. ¿Qué riesgos corren quienes no escuchan esta doctrina de Jesucristo " hombre "? Proverbio 8: 1-22 *" Pero el que peca contra mí, daña su alma; Todo el que me odia ama la muerte. "*

Nota: ¡ Sin olvidar especialmente las consecuencias que sufrirán todos aquellos que se nieguen a recibir la verdadera enseñanza de Dios sobre el Salvador que nos envió ! 1 Juan 4: 1 -3 *" Amado, no no poner la fe* *en todo espíritu; pero prueba los espíritus, si son de Dios, porque muchos falsos profetas han venido al mundo. Reconozca el Espíritu de Dios por esto: todo espíritu que confiesa que Jesucristo ha venido en carne, es de Dios; y todo espíritu que no confiesa a Jesús no es de Dios, es el del año del ticristo, cuya venida habéis oído, y que ya está en el mundo. "*

47. ¿ De cuál sería de este Anticristo, anunciado en el pasaje anterior? 1 John 4: 1 -3

' C ' es el año téchrist, que has escuchado que venía, y ahora ya está en el mundo. "

Nota: Para comprender completamente lo que está en juego en esta enseñanza, le recomendamos encarecidamente que estudie las lecciones anteriores que tratan las preguntas relacionadas con la advertencia dada aquí sobre el Anticristo. Vea sobre este tema en esta serie de estudios bíblicos: lección N ° 03 '' *LA SEÑAL DE LA BESTIA, EL '' 666 '' EN LA BIBLIA, Y EL FIN DEL MUNDO* ''.

Y la lección N ° 04 `` *LA SEÑAL DE LA BESTIA, LA (666) REVELADA.* ''

48. ¿CUÁLES SON LOS RIESGOS QUE PODRÁN PASAR LOS HOMBRES ANTES DEL REGRESO DE CRISTO?

Apocalipsis 13: 16-18 " *E hizo que todos, pequeños y grandes, ricos y pobres, libres y esclavos, recibieran una marca en su mano derecha o en su frente, y que nadie pudiera comprar ni vender sin tener la marca., el nombre de la bestia o el número de su nombre. Aquí está la sabiduría. El que tiene entendimiento, calcule el número de la bestia. Porque es un número de un hombre, y su número es seiscientos sesenta y seis.* "

49. ¿Cuáles fueron las enseñanzas de las iglesias durante el tiempo que Pablo predicaba el evangelio? 1 timoteo 2: 4-5

" *Porque hay un solo Dios, y también un solo Mediador entre Dios y los hombres, Jesucristo el hombre, que se dio a sí mismo en rescate por todos. Este es el testimonio dado en su propio tiempo, y para el cual fui designado predicador y apóstol: digo la verdad, no miento, instruido para instruir a los gentiles en la fe y la verdad. "*

50. ¿ Los demonios conocen la existencia de un solo Dios Supremo?

Santiago 2:19 " *Tú crees que Dios es uno, bien haces; los demonios también lo creen y tiemblan. "*

51. Cuando Jesús resucitó, ¿todavía tenía forma humana? Lucas 24: 36 - 41

" *Mientras ellos hablaban así, él mismo se puso en medio de ellos y les dijo: ¡La paz sea con vosotros! Presa del miedo y el terror, creyeron ver un espíritu. Pero él les dijo: ¿Por qué está usted preocupado, y por qué son tales pensamientos en aumento en sus corazones? Mira mis manos y mis pies, soy yo; tócame y ve: un espíritu no tiene carne ni huesos, como ves que yo tengo. Y diciendo esto, les mostró las manos y los pies. Como aún no creían en su alegría y estaban asombrados, les dijo: ¿ Tienen algo de comer aquí? Le obsequiaron pescado asado y un panal de miel. Tomó un poco y comió frente a ellos. Entonces les dijo: Esto es lo que les dije cuando todavía estaba con ustedes, que todo lo que está escrito de mí en la ley de Moisés, en los profetas y en los salmos. Entonces les abrió la mente, para que pudieran entender las Escrituras "*

52. ¿ C e " Jesús ", que ascendió al cielo, cambiará probablemente para ser igual a Dios? Hebreos 13: 8

" Jesús Cristo es el mismo ayer, hoy y para siempre. "

53. Como hombre, qué misión se le asigna a él con el Padre? Hebreos 7:24

" Pero él, porque permanece eternamente, tiene un sacerdocio que no es transmisible. "

54. ¿Cuál es el ' sacerdocio no transmitidos De Jesús - Cristo ' ' hoy y siempre? Juan 1,26

" Juan les respondió: Yo bautizo en agua, pero entre ustedes hay uno que no conocen, que viene después de mí; No lo conocía, pero para que se

manifestara a Israel, vine a bautizar con agua. Juan dio este testimonio: Vi al Espíritu descender del cielo como una paloma y descansar sobre él. Yo no lo conocía, pero el que me envió a bautizar con agua, ese me dijo: Aquel sobre quien verás descender y detenerse el Espíritu, es el que bautiza con el Espíritu Santo. Y vi y testifiqué que es el Hijo de Dios. "

55. ¿Conocen los hombres al " Dios verdadero " cuando confun den y adoran a Jesús como Dios? Juan 4:20 - 24

" Nuestros padres adoraron en este monte; y dices, tú, que el lugar donde es necesario adorar es en Jerusalén. Mujer, le dijo Jesús, créeme, que viene la hora en que no adorarás al Padre ni en este monte ni en Jerusalén. Amas lo que no sabes; adoramos lo que sabemos, porque la salvación viene de los judíos. Pero la hora viene, y ya ha llegado, cuando los verdaderos adoradores adorarán al Padre en espíritu y en verdad; porque estos son los adoradores que el Padre pide. Dios es Espíritu, y quienes lo adoran deben adorarlo en espíritu y en verdad. "

56. ¿Está permitido y recomendado adorar a Jesús? Deuteronomio 4: 14 - 20

" En aquel tiempo, el SEÑOR me ordenó que les enseñara leyes y ordenanzas para que las pusieran en práctica en la tierra que están a punto de tomar posesión. Puesto que no vieron ninguna figura en el día que el Señor les habló de en medio del fuego en Horeb, velen con cuidado por sus almas, no sea que se corrompan y se hagan una imagen esculpida, una imagen de algún ídolo, la figura de un hombre o una mujer, la figura de un animal que está en la tierra, la figura de un pájaro que vuela en los cielos, la figura de una bestia que se arrastra por el suelo, la figura de un pez que vive en las aguas de abajo la tierra. Cuida tu alma, lastra, alza tus ojos a los cielos y ve el sol, la luna y las estrellas, todo el ejército de los cielos, y no te dejes llevar a postrarte ante ellos y adorarlos. Estas son las cosas que el Señor tu Dios ha dado a todos los pueblos para compartir debajo de todo el cielo. Pero a ti, el SEÑOR, te tomó y te sacó del horno de hierro de Egipto, para que fueras un pueblo suyo, como lo eres hoy. "

CONCLUSIÓN

Esaia h 43: 1 - 25 " *Así dice el Señor ahora, lo que creó, oh Jacob; El que formó usted, oh Israel, que no tenga miedo, porque yo te canjeo, te llaman por tu nombre: tú eres mío! Si cruza las aguas, yo estaré contigo; y los ríos, no voy a abrumar a usted; si caminas por el fuego no se quema a sí mismo, ni la. llama se le prendió fuego Porque yo soy el Señor tu Dios, el Santo de Israel, tu salvador; me dará Egipto por tu rescate, a Etiopía y Saba para usted. Debido a que tiene valor en mis ojos, Porque te han concedido y me encanta que, daré hombres en su lugar, y los pueblos de tu vida. No temas, porque yo estoy contigo; traeré tu simiente del oriente, y te recogeré del occidente. Diré al norte: ¡da! Y al mediodía: no te detengas. ! trae a mis hijos desde lejanos países, y mis hijas de los confines de la tierra, todos los que son llamados por mi nombre ya quien he creado para mi gloria, a quien he formado y hecho. que presenten al pueblo ciego que tiene ojos, año d los sordos que tienen oídos. Que todas las naciones se unen, y dejar que los pueblos vienen juntos. ¿Quiénes de ellos anunciaron estas cosas? ¿Cuáles nos hicieron escuchar las primeras predicciones? Que presenten sus testigos y establezcan su ley; Escuche y diga: ¡Es verdad! Vosotros sois mis testigos, dice Jehová, vosotros y mi siervo que he escogido, para que lo sepáis, para que me creáis y comprendáis que soy yo: antes de mí no fue formado por Dios, y después de mí habrá ser ninguno. Yo, yo soy el Señor, y fuera de mí no hay Salvador. Soy yo quien proclamé, salvé, predije: No hay entre vosotros un dios ajeno; Vosotros sois mis testigos, dice el Señor, yo soy Dios. Yo soy desde el principio, y nadie libra de mi mano; Actuaré: ¿quién se opondrá? Así dice el Señor, tu Redentor, el Santo de Israel: Por tu causa envío al enemigo contra Babilonia, y derribo a todos los que huían, incluso a los caldeos, en cuyas naves se glorificaron. Yo soy el Señor, tu Santo, el Creador de Israel, tu Rey. Así dice el Señor, quién hizo un camino en el mar, y en muchas aguas de una trayectoria, que se propuso carros y caballos, un ejército y poderosos guerreros, pronto yacían juntos, para no levantarse más, destruido, extinguidos como mecha: Piense no más sobre eventos pasados, y ya no consideres lo que es viejo. Aquí voy a hacer algo nuevo a punto de suceder: ¿ No lo sabes? Abriré camino en el desierto y ríos en el desierto. Las bestias del campo me glorificarán, los chacales y los avestruces, porque pondré aguas en el desierto, ríos en el desierto, para dar agua a mi pueblo, mi escogido. El pueblo que formé publicará mi alabanza. ¡Y no me invocaste, oh Jacob! ¡Porque te has cansado de mí, Israel! No me ofreciste tus ovejas en holocausto, ni me honraste con tus sacrificios; No te atormenté con ofrenda, ni te cansé con incienso. No me compraste especias aromáticas con dinero, ni me saciaste con la grasa de tus sacrificios; Pero me has atormentado con tus pecados, me has fatigado con tus iniquidades. Soy yo, yo quien borro tus transgresiones por mi causa, y ya no me acordaré de tus pecados.* "

¡HAY UN DIOS !

Efesios 4: 4-6

RESUMEN

6. *¿Hay un solo hombre cuya Biblia dice que vio a Dios?*
Juan 6:46
7. ¿Le pidieron los apóstoles a Jesús que les permitiera ver a Dios el Padre?
Juan 14: 8 - 9
8. *¿Cuál es el significado de estas palabras de Jesús? Juan 10: 30*
9. ¿Explica el término primogénito que Jesús fue creado antes de su nacimiento carnal por María? *Proverbio 8: 22-36*
10. Observemos las similitudes entre los dos textos bíblicos del Antiguo y el Nuevo Testamento: *Proverbio 8: 22 - 36* y *Colosenses 1: 15*
Collar. 1: 15
11. *¿Este término primogénito también se usa en el Nuevo Testamento? Apocalipsis 22:13*
12. ¿Quién, pues, es aquel a quien todos los profetas vieron en visión? *Deuteronomio 5: 6-11*
13. ¿Qué dice la Biblia sobre esto? *Hechos 7:53*
14. *¿Cuál fue la naturaleza de los ángeles enviados por Dios a sus profetas como se describe en la Biblia? Éxodo 23:20 - 24*

15. Durante el encuentro entre el ejército de Israel y el ángel, ¿cómo se presentó a Josué? *Josué 5:13 - 15*

16. *Los ángeles enviados por Dios también pueden venir en forma espiritual. Vamos a ver:* *Hebreos 1: 13 - 14*

17. ¿Cuál es la naturaleza de Dios como se describe en la Biblia?
Juan 4:24 "

18. ¿Cambia el Dios de la Biblia "YAHWEH"? *Malachie 3: 16*

19. Pero, ¿qué tipo de naturaleza es Jesús en el cielo hoy? *Hebreos 13: 8* "

20. ¿El hecho de que Jesús esté en el cielo por la eternidad lo hace igual a Dios? *Filipenses 2: 6 - 11*

21. ¿Se compara Dios con el hombre?

22. ¿Permite Dios que los ángeles en el cielo o en la tierra reciban adoración? *Apocalipsis 19: 10*

23. ¿Cuántas veces tuvo Juan la tentación de adorar al ángel?
Apocalipsis 22: 8 - 9

24. ¿Qué había sido de este Jesús cuyo nombre el ángel mencionó en *"Adorad a*

Dios, porque el testimonio de Jesús es el espíritu de profecía" ?
Apocalipsis 22: 10 - 16

25. *¿Qué pasa con las naciones cuya salvación logró mediante su sacrificio de sangre? Apocalipsis 22: 10 - 16*

26. ¿Regresará como Dios o como Rey? *Apocalipsis 22: 10 - 16 "*

27. ¿Está esto verificado como tal? *1 Timoteo 6:16*

28. ¿A quién pertenecen el honor y el poder eterno? *1 Timoteo 6:16*

29. *Pero, ¿qué dice el resto del texto? 1 Timoteo 6:16*

30. ¿Dios comparte su gloria con un hombre? *Deuteronomio 4:35 - 40*

31. ¿Cuál es el riesgo que tuvo durante el tiempo de Jesús sobre su naturaleza? *1 juan 4*

32. ¿De quién proviene la enseñanza de Jesucristo el hombre? *1 juan 4*

33. ¿Cuándo iba a aparecer la enseñanza de otro Jesús? *1 Juan 2:18*

34. ¿Qué clasificatorios se les asignan? *2 juan 7*

35. *Como engañadores, ¿cómo califican todavía en la Biblia?* 2 *juan 7*

36. ¿A qué se refiere el término *" esta doctrina "* en 2 *Juan 7?*
1 timoteo 2: 5-7

37. ¿Cuál era también el propio nombre de Jesús?
Mathieu 8: 20

38. ¿Cuántas veces se le llama por el nombre del Hijo del Hombre?

39. *¿Cómo entender este poder desplegado en El Hijo de Dios? Juan 1: 1*

40. *Pero, ¿cuál era su naturaleza inicialmente antes de aparecer a los hombres? Proverbio 8: 1-22*

41. *¿Nació Jesús? ¿Conocía un comienzo? ¿Una creación como todos los seres? Proverbio 8: 1-22*

42. *¿Fue antes de la creación de las montañas de la tierra?*
Proverbio 8: 1-22

43. ¿Fue antes de la creación del cielo? *Proverbio 8: 1-22*

44. ¿Cuál fue su papel con Dios? *Proverbio 8: 1-22*

45. ¿Qué sentimiento frente al Padre le animó en la tierra en presencia de otros hombres desde la creación del hombre? *Proverbio 8: 1-22*

46. ¿Cómo llama Jesús a los que le obedecen? *Proverbio 8: 1-22*

47. *¿Cómo califica Jesús en este pasaje antes de aparecer a los hijos de los hombres? Proverbios 8: 1-21*

48. ¿Qué riesgos corren los que no escuchan esta doctrina de Jesucristo "hombre"? *Proverbio 8: 1-22*

49. ¿De quién vendría este Anticristo, anunciado en el pasaje anterior? *1 Juan 4: 1-3*

50. ¿Cuáles serán los riesgos que afrontarán los hombres antes del regreso de Cristo? *Apocalipsis 13: 16-18*

51. ¿Qué enseñanza tenían en las iglesias cuando Pablo predicaba el evangelio? *1 timoteo 2: 4-5*

52. *¿Saben los demonios de la existencia de un Dios Supremo? Santiago 2:19*

53. Cuando Jesús resucitó, ¿todavía tenía forma humana? *Lucas 24: 36 - 41*

54. ¿Cambiará de naturaleza este 'Jesús' que ascendió al cielo para ser igual a Dios? Hebreos 13: 8

55. Como Hombre, ¿qué misión le fue asignada con el Padre? *Hebreos 7:24*

56. ¿En qué consiste el "sacerdocio intransmisible de Jesucristo" hoy y para siempre? *Juan 1,26*

57. ¿Conocen los hombres al "Dios verdadero" cuando confunden y adoran a Jesús como Dios? *Juan 4:20 - 24*

58. ¿Está permitido y recomendado adorar a Jesús? Deuteronomio 4:14 - 20

CONCLUSIÓN

RESUMEN

EN LA MISMA COLECCIÓN DE ESTUDIO BÍBLICO

EN LA MISMA COLECCIÓN DE ESTUDIO BÍBLICO:

1. LA PROFECÍA MÁS LARGA DE LA BIBLIA; TÍTULO I, EL BAUTISMO DE JESUCRISTO, **EL ANUNCIO DEL SANTO DE LOS SANTOS.**
2. **LA PROFECÍA MÁS LARGA DE LA BIBLIA; TÍTULO II, LA PURIFICACIÓN DEL SANTUARIO, SATANÁS ES CAZADO DEL CIELO.**
3. **EL FIN DEL MUNDO EN LA BIBLIA Y LA SEÑAL DE LA BESTIA, EL " 666 ".**
4. **LA GRAN SEÑAL DE LA BESTIA, LA (666) REVELADA.**
5. **¿CÓMO HAN TOMADO YA LOS HOMBRES LA SEÑAL (666) DE LA BESTIA DEL FRENTE?**
6. **¿CÓMO HAN TOMADO YA LOS HOMBRES (666) LA SEÑAL DE LA BESTIA EN LA MANO?**
7. **LOS DIEZ MANDAMIENTOS DE DIOS Y LA SALVACIÓN EN JESUCRISTO.**

8. LOS TIEMPOS, EL PECADO DE JUDAS EN LA IGLESIA CONTEMPORÁNEA APOSTASIADO.
9. ¿CUÁLES SON LOS OTROS SIGNOS DE LA BESTIA?
10. EL FUNCIONAMIENTO DE LA IGLESIA APÓSTATA.
11. PARAÍSO Y ESPERANZA CRISTIANA.
12. LA IGLESIA, LOS CRISTIANOS.
13. ¿ QUIÉN ES EL VERDADERO DIOS?
14. ¡ HAY UN DIOS !
15. ¡ HAY UN SEÑOR !
16. ¡ HAY UN ESPÍRITU !
17. ¡ SOLO HAY UNA FE !
18. ¡ HAY UNA ESPERANZA !
19. ¡ HAY UN CUERPO !
20. ¡ SOLO HAY UN BAUTISMO !
21. EL SELLO DE DIOS EN EL APOCALIPSIS.
22. EL SELLO DEL DIABLO EN EL APOCALIPSIS.
23. DÍA CUANDO el Vaticano, la gran prostituta, LA MADRE DE LA NECESARIA será destruido.

24. AQUÍ ESTÁ LA GRAN SEÑAL DEL FIN DE LOS TIEMPOS Y EL REGRESO DE JESÚS DE CRISTO.
25. EL MOVIMIENTO ISLÁMICO DESCRITO EN EL LIBRO DEL APOCALIPSIS.
26. LA ÚLTIMA IGLESIA, LOS 144.000, EL REGRESO DEL SEÑOR JESUCRISTO Y LA ETERNIDAD.
27. VIGÉSIMO SÉPTIMA ESCRITURA: EL TESTIMONIO. VIDA CRISTIANA Y TESTIMONIOS !

Printed by Books on Demand GmbH, Norderstedt / Germany